Lb¹ 1128.

ESSAI

SUR LES CAUSES RÉELLES DU MALAISE

QU'ÉPROUVENT AUJOURD'HUI,

GÉNÉRALEMENT, EN FRANCE,

TOUTES LES FORTUNES INDIVIDUELLES,

Particulièrement les aisances de peu d'importance ;

Malaise qu'accroissent encore les besoins de première nécessité,
journellement croissans,

DES CLASSES OUVRIÈRES ET MANUFACTURIÈRES,

Par suite du ralentissement et même de la suppression de notre industrie et de
notre commerce intérieur et extérieur.

PARIS. — IMPRIMERIE DE COSSON,

RUE SAINT-GERMAIN-DES-PRÉS, N° 9.

ESSAI

SUR LES CAUSES RÉELLES DU MALAISE

QU'ÉPROUVENT AUJOURD'HUI,

GÉNÉRALEMENT, EN FRANCE,

TOUTES LES FORTUNES INDIVIDUELLES,

Particulièrement les aisances de peu d'importance ;

Malaise qu'accroissent encore les besoins de première nécessité,
journellement croissans,

DES CLASSES OUVRIÈRES ET MANUFACTURIÈRES,

Par suite du ralentissement et même de la suppression de notre industrie et
de notre commerce intérieur et extérieur.

PAR ARMAND SÉGUIN,

DE L'INSTITUT.

BIBLIOTHÈQUE NATIONALE R. F.

PARIS.

DÉCEMBRE 1831.

AVANT-PROPOS.

—

Dans les Etats, sous l'aspect financier, trois causes concourent aux décroissances des fortunes individuelles, et conséquemment aux diminutions des jouissances que doivent s'en promettre d'une part les capitalistes, les industriels et les contribuables ; d'autre part, et par suite, les classes ouvrières et manufacturières.

Ces causes d'influence de détériorations financières sont :

1° La diminution des capitaux qui constituent les fortunes :

2o La diminution des revenus qui dérivent de ces fortunes ;

3° Enfin, l'importance des exigences nées de la position particulière de l'Etat.

Ainsi, l'exigence de subsides, l'abaissement du taux de l'intérêt légal ou conventionnel, et la nécessité de satisfaire à de plus fortes charges d'impositions , sont des causes de diminutions des fortunes individuelles, et conséquemment des jouissances des contribuables.

La première et la troisième de ces causes sont principalement l'essence de notre détérioration financière depuis la restauration.

L'abus que, par suite, nous avons fait du système des emprunts, et surtout notre direction peu réfléchie relativement aux combinaisons de leurs élémens, y ont sans doute aussi contribué.

Quant à la seconde de ces causes de détérioration, savoir la diminution du taux de l'intérêt de l'argent, si nous avons été préservés de son influence, cela n'a pas été faute d'en avoir vu proclamer le principe d'utilité avec tant d'insistance qu'on avait fini par vouloir même l'assimiler à une panacée, affectant d'en renouveler l'éloge jusqu'à satiété, toutes les fois qu'il était question de conversions.

Telles sont les causes les plus efficaces de notre malaise financier, malaise qui, malheureusement dans notre position, ne fera que s'accroître tant que nous ne prendrons pas la ferme et irrévocable résolution de ne suivre avec persévérance et sans déviation qu'un plan financier d'ensemble, bien mûri et bien coordonné avec nos ressources et nos besoins.

Quand obtiendra-t-on enfin cette amélioration capitale ?

Probablement pas de si tôt, si l'on persévère à s'enraciner long-temps encore dans des dispositions dont de pénibles expériences auraient bien dû nous faire apprécier tous les dangers.

Jusque là, nos germes de prospérité seront paralysés, et ne pourront qu'à peine donner signe de vie dans la sphère d'avortement qui nous déborde et dans laquelle par contre s'accroîtra nécessairement l'énergie des regrets que doit suggérer l'ingrat délaissement, dans lequel nous semblons nous complaire, des ressources infinies en tous genres de cette belle France, dont la force de vitalité est tellement transcendante que les mal-intentionnés peuvent facilement la faire réagir en mal sur elle-même, lorsque les bien-intentionnés négligent, repoussent, paralysent ou suspendent toute tendance au bien.

Que ceux-là devront être un jour sévèrement jugés qui, pouvant concourir au bien, ne l'auront pas fait; et plus encore ceux qui, par un sentiment bien mal entendu, répréhensible, coupable même, de haine, de jalousie, de vengeance ou d'ambition, donneraient aide au mal!

C'est pour parer, autant qu'il est en moi, à l'influence de dangers et de récidives de cette nature, qui pourraient finir par devenir mortels, que j'ai conçu et rédigé cet écrit, dans lequel je me propose principalement de rechercher et d'établir quelles sont l'importance et les conséquences de notre détérioration financière, due à la restauration et à ses conséquences.

ESSAI

SUR LES CAUSES RÉELLES DU MALAISE

QU'ÉPROUVENT AUJOURD'HUI,

GÉNÉRALEMENT, EN FRANCE,

TOUTES LES FORTUNES INDIVIDUELLES,

Particulièrement les aisances de peu d'importance ;

Malaise qu'accroissent encore les besoins de première nécessité,
journellement croissans,

DES CLASSES OUVRIÈRES ET MANUFACTURIÈRES,

Par suite du ralentissement et même de la suppression de notre industrie et de
notre commerce intérieur et extérieur.

⸺⚬⦿⚬⸺

SUPPOSONS,

1° Qu'à deux époques, éloignées l'une de l'autre d'un laps de temps quelconque, un même individu, pris pour exemple, jouisse d'une même fortune, par exemple d'un capital de 1,500,000 fr.

2° Qu'à ces deux mêmes époques, l'intérêt légal ou conventionnel de l'argent soit au même taux; ce qui, par suite, donne, pour les deux mêmes époques, une égalité de revenu.

Si, dans ces deux circonstances, par suite des événemens intermédiaires entre les deux époques, les impositions de la première sont telles que le contribuable pris comme exemple soit nécessité, pour satisfaire à leur exigence, de prélever sur son revenu un débours de 5o,ooo fr., tandis qu'à la seconde époque l'exigence des impositions lui nécessite un débours de 6o,ooo fr.;

On pourra dire que ces événemens intermédiaires ont occasioné, dans les jouissances que ce contribuable aurait dû espérer de sa fortune, une diminution de 4o pour 1oo, ou, ce qui revient au même, de deux cinquièmes.

On peut donc, à l'aide de telles données, déterminer avec exactitude, à deux époques comparées, non - seulement l'importance relative des jouissances d'un même contribuable, mais en outre celle des jouissances de l'ensemble de tous les contribuables, et conséquemment de l'État.

Et, par suite, on peut, à l'aide de ces mêmes

données, apprécier quelle est, sur ces diminutions de fortunes, l'influence des événemens intermédiaires entre les époques comparées.

Ainsi on pourra facilement, en suivant une semblable direction, 1° déterminer si, aux approches de notre première révolution, en 1780, les jouissances des contribuables étaient plus ou moins considérables qu'en 1800, époque de la création de l'empire; qu'en 1814, époque de la restauration; qu'en 1829, époque de notre dernière révolution; 2° établir les rapports existans entre l'importance de ces jouissances à ces diverses époques; 3° et, par suite, classer chacune d'elles, sous l'aspect financier, relativement aux services que les contribuables ont pu s'en promettre.

Pour mieux appliquer ces données de généralité à des données de spécialité, supposons que, il y a cinquante ans,

1° La fortune des contribuable s'élevât à vingt-cinq milliards (minimum qui est assez généralement admis);

2° Qu'à cette même époque l'intérêt de l'argent fût (ce qui est généralement vrai) à 5 pour 100, d'où se déduit un revenu de 1,250,000,000 francs ;

3° Enfin, qu'alors les impositions se soient élevées à 550 millions qui, devant nécessairement être pris sur les 1,250,000,000 fr. des revenus des contribuables, ont dû réduire ces revenus, et conséquemment les jouissances qui en dérivaient, à 800,000,000 fr.

Supposons en outre que, à une autre époque plus éloignée, la masse des fortunes individuelles se soit encore élevée, malgré les événemens antérieurs, à 25 milliards; supposition qui toutefois ne serait applicable qu'autant que, contrairement à notre position actuelle, aucune invasion n'aurait eu lieu, et que la balance du commerce extérieur n'aurait pas éprouvé de diminution (malheureusement, chez nous, le contraire a eu lieu). Dans ces suppositions, d'un capital encore existant de 25 milliards, à la seconde époque de même qu'à la première, et de persévérance dans le taux de l'intérêt à 5 pour 100, le revenu des contribuables aurait été, à cette seconde époque comme à la première, de 1,250,000,000 francs.

Or, si, à cette seconde époque, le chiffre des impositions s'élevait à 8oo,ooo,ooo francs, celui des jouissances se trouverait nécessairement réduit à 45o,ooo,ooo francs; d'où résulterait que, en comparant les jouissances aux deux époques, on pourrait dire que les événemens intermédiaires entre elles auraient occasioné dans les jouissances des contribuables une diminution de 43 pour 1oo.

Cette pose de bases peut donner une idée assez exacte de la comparaison des jouissances entre l'époque de 178o, commencement de nos agitations, et l'époque du couronnement de Charles X.

Allons plus loin, et appliquons à notre spécialité actuelle, c'est-à-dire à 1814 comparé à 1829, les appréciations d'une semblable direction.

Au moment de la restauration, les impositions directes et indirectes de nos 86 départemens ne s'élevaient qu'à environ 700 millions (700,000,000 francs); aujourd'hui elles s'élèvent au moins à 1 milliard 5o millions (1,050,000,000 francs.)

A la première de ces époques, les richesses

métalliques des contribuables étaient évaluées au moins à 25 milliards.

Les deux invasions et la diminution prononcée de la balance de notre commerce extérieur ont dû nécessairement diminuer le chiffre de cette évaluation. Cependant, dans l'absence de données assez précises pour la déterminer avec suffisamment d'exactitude, n'y ayons point égard; notre proposition se trouvera d'autant plus modérée. Dès lors, aujourd'hui comme au moment de la restauration, notre revenu métallique serait de 1,250,000,000 francs; et, après avoir satisfait à l'exigence des impositions, ce revenu se trouverait réduit à 200,000,000 francs.

De l'ensemble de ces données, il résulte : 1° que le chiffre des jouissances des contribuables au moment de la restauration était de 550 millions; 2° que le chiffre des jouissances des contribuables, en 1829, au moment de notre révolution, n'était que de 200 millions ; 3° qu'ainsi, par suite des événemens intermédiaires entre 1814 et 1829, les jouissances des contribuables se sont trouvées diminuées de 63 pour 100 ; de telle sorte qu'un contribuable qui, au moment de la restauration, jouissait de 100 francs, ne jouissait plus que de 37 francs en 1829, diminution de jouissance due aux événemens intermédiaires entre la restauration de 1814 et la révolution de 1829.

Un tel résultat se déduit naturellement de l'exigence d'un budget, seulement de 1 milliard 50 millions (1,050,000,000 francs). Mais si cette exigence, ainsi que de jour en jour cela semble acquérir plus de probabilité, devait s'élever prochainement à 1,400,000,000 francs; dans ce cas, la diminution des jouissances des contribuables deviendrait si importante, qu'ils pourraient faire leur deuil de tous genres de jouissances: tellement que, sous l'aspect de leur ensemble, il ne pourrait plus leur rester que des yeux pour pleurer, des voix pour se plaindre, et des bras malheureusement d'une possibilité dangereuse de disponibilité.

TABLEAU COMPARATIF

*Des jouissances nettes (annuelles) des contri-
buables, aux époques les plus remarquables
de la situation financière de la France, en
admettant à chacune de ces époques même
richesse métallique de 25 milliards, à même
taux d'intérêt de 5 pour cent.*

1780. Ancien régime,	700,000,000 millions.
1800. Consulat,	785,000,000 millions.
1810. Empire,	640,000,000 millions.
1814. Restauration,	550,000,000 millions.
1820. Ministère déplorable,	430,000,000 millions.
1829. Révolution,	200,000,000 millions.
Avenir, dans supposition de réalisation de 1,400,000,000 fr. de charges.	Anéantissement de jouissances, autres que celles qui reposeraient sur entames de capitaux; et conséquemment tendance à ruine prochaine.

ARMAND SÉGUIN.

www.ingramcontent.com/pod-product-compliance
Lightning Source LLC
Chambersburg PA
CBHW071649030726
47598CB00005B/2060